조금 느리게, 더 천천히

조금 느리게,
더 천천히

애벌레가 알려주는 마음의 쉼표

김윤탁 글 | 김운홍 그림

솔과학

추천사

삶은 언제나 우리를 앞으로 이끌지만
가끔은 주저앉고 싶을 때가 있습니다.

그럴 때 잠시 멈추는 것은 실패가 아니라
다시 날아오르기 위한 준비입니다.
애벌레가 고치 속에서
날개의 시간을 기다리듯,
우리의 쉼도 내일을 향한
희망의 시작이 됩니다.

《조금 느리게, 더 천천히》는
당신에게 "괜찮다"는 위로와 함께
"다시 일어설 수 있다"는 희망을 전합니다.

깊은산속옹달샘 숲속작은도서관 관장으로서
늘 고요와 평화를 전해온 향지 김윤탁님의 글,
그리고 화가 김운홍님의 따뜻한 그림이
이 책 속에서 만나게 된 것을
진심으로 축하합니다.

이 책의 한 장 한 장이
당신에게 새로운 용기를 불어넣고,
마침내 당신만의 날개를 펼쳐
빛나는 하늘로 날아가게 되기를 기원합니다.

— 아침편지문화재단 이사장 고도원

저자의 말

하루를 살다 보면
늘 빨리, 더 열심히
달려야만 할 것 같을 때가 있습니다.

하지만 애벌레는
천천히, 느리게
자신의 시간을 살아갑니다.

이 책은 그 애벌레처럼
잠시 멈추어도 괜찮다는
작은 위로의 메시지입니다.

당신의 오늘에도
마음의 쉼표가 놓이기를 바랍니다.

프롤로그

애벌레는 오늘도
잎을 먹으며 자랍니다.

느리고 답답해 보여도
그 속에는
나비가 될 준비가 차곡차곡 쌓입니다.

우리의 마음도 그렇습니다.
멈춤의 시간, 기다림의 순간이
우리를 더 단단하고 아름답게 합니다.

이 책은 그 길 위에서
잠시 머물러 숨 고르기를 도와줄
조용한 벤치입니다.

목차

추천사 • 4
— 아침편지문화재단 이사장 고도원

저자의 말 • 6

프롤로그 • 8

오늘은 아무것도 안 해도 괜찮아 • 12

그냥 가만히, 숨만 쉬어도 돼. • 14

깊게 들이마시고, 천천히 내쉬자. • 16

잠깐 멈춰도 괜찮아 • 19

오늘은 귀찮아도 돼. • 20

잠시 멍하니, 시간을 흘려보내도 돼. • 22

그냥 아무것도 하기 싫은 날도 있어 • 25

열심히만 살지 않아도 괜찮아. • 26

아무 말 없이 누워 있어도 좋은 시간 • 28

화면은 잠시 꺼두고 나를 바라봐. • 30

때론 배부르게 먹어도 돼. • 32

조용히 숨을 고르며 마음을 재정비하자. • 34

지루함은 새로운 생각이 피어나는 시간 • 36

나는 왜 이러는걸까? • 39

시간은 금방 지나간다. • 40

그래, 여행을 가자.
두렵지만 이제 움직여 볼래. • 43

작은 빛이 내 곁에 찾아왔어. • 44

나는 지금 조금 가벼워졌어. • 46

단 5분이라도 나를 위해 쓰자. • 48

조용히 나를 감싸 안자. • 50

내 안의 빛이 깨어난다. • 52

이제 나는 나답게 날아간다. • 53

에필로그 • 54

오늘은 아무것도 안 해도 괜찮아

멈춰 선 순간조차 내일을 향해 나아기기 위한 준비에요.
쉼은 새로운 힘을 키우는 순간입니다.

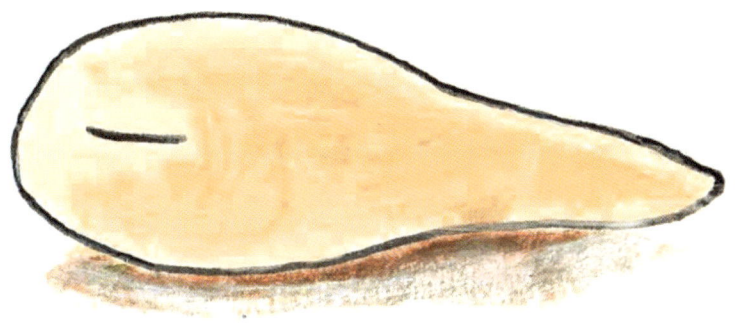

그냥 가만히, 숨만 쉬어도 돼.

살아 있다는 것만으로도 이미 충분히 소중해요.
오늘의 숨이 내일의 용기를 이어줍니다.

깊게 들이마시고, 천천히 내쉬자.

한 번의 호흡마다 새로운 힘이 들어오고,
불안은 조금씩 흘러나갑니다.
작은 호흡이 큰 희망이 됩니다.

잠깐 멈춰도 괜찮아

멈춤은 실패가 아니에요.
다시 뛸 수 있도록 나를 기다려주는
따뜻한 시간이 될 뿐입니다.

오늘은 귀찮아도 돼.

조금 느려도 돌아가도 괜찮습니다.
그 길 위에서 당신만의 속도로
나아갈 길이 자랍니다.

귀찮아

잠시 멍하니, 시간을 흘려보내도 돼.

멈춘 시간에도 삶은 조용히 앞으로 나아갑니다.
기다림 속에서도 희망은 자라납니다.

그냥 아무것도 하기 싫은 날도 있어

게으름처럼 보이는 순간도 사실은 마음을
지켜내는 시간이랍니다.
괜찮아요. 지금은 쉬어가도 돼요.

열심이만 살지 않아도 괜찮아.

때론 힘을 빼야 더 멀리 갈 수 있습니다.
삶은 완주가 아니라 나만의 여정을 완성하는 길이에요.

아무 말 없이 누워 있어도 좋은 시간

고요한 휴식 속에서도
내일을 살아갈 힘이 차곡차곡 쌓입니다.

화면은 잠시 꺼두고 나를 바라봐.

세상이 멀리 있어도 괜찮아요.
내 안의 목소리에 귀 기울일 때,
더 큰 희망이 피어납니다.

때론 배부르게 먹어도 돼.

맛있는 것, 먹고 싶은 대로 먹어도 돼요.
맛있게 먹는 순간은 나를 위한 소중한 쉼이니까요.

조용히 숨을 고르며 마음을 재정비하자.

기다림과 무료함은 결코 헛되지 않아요.
그 속에서 새로운 길을 밝히는 아이디어가 움트니까요.

지루함은 새로운 생각이 피어나는 시간

기다림과 무료함은 결코 헛되지 않아요.
그 속에서 새로운 길을 밝히는 아이디어가 움트니까요.

나는 왜 이러는걸까?

문득 내가 누구인지 궁금해질 때가 있어요.

시간은 금방 지나간다.

시간이 나를 관통하고 나는 시간 속에서
녹고 있는 것 같아요.

**그래, 여행을 가자.
두렵지만 이제 움직여 볼래.**

작은 발걸음이 결국 큰 여행의 시작이 됩니다.
용기는 완벽해서가 아니라,
두려움 속에서도 시도하는 마음이에요.

작은 빛이 내 곁에 찾아왔어.

어둠속에서도 빛은 언제나 다가옵니다.
아주 작은 빛 하나가 마음을 따뜻하게 밝혀줍니다.

나는 지금 조금 가벼워졌어.

마음의 짐을 내려놓으면 세상도 달라 보입니다.
구름 사이를 떠다니는 듯 자유로움이 스며듭니다.

단 5분이라도 나를 위해 쓰자.

작은 시간이 모여 큰 힘이 됩니다.
단, 5분, 10분, 30분의 여유가
하루 전체를 환하게 바꿀 수 있어요.

조용히 나를 감싸 안자.

고요한 쉼은 새로운 나를 준비하게 합니다.
멈춤은 끝이 아니라 변화의 시작이에요.
때로는 앞으로 나아가지 못하는 순간이 있어요.
하지만 그 순간조차 내일을 향한 쉼이 됩니다.

내 안의 빛이 깨어난다.

기다림의 시작은 결코 헛되지 않았습니다.
어제의 애벌레가 오늘의 날개를 준비한 거에요.

이제 나는 나답게 날아간다.

지친 날도 멈추던 순간도 모두가
나비의 날개가 되었습니다.
드디어 나는 내 하늘로 날아갑니다.

에필로그

삶은 늘 빨리 흐르는 것 같지만
사실은 각자의 속도로
아름답게 이어집니다.

애벌레가 고치 속 어둠을 지나
빛으로 나아가듯
우리도 그렇게
조금씩 성장하고 있습니다.

조금 느리게, 더 천천히.
그 길은 결국 빛으로 이어지고
당신은 반드시
자신만의 날개를 펼치게 될 것입니다.

조금 느리게, 더 천천히
애벌레가 알려주는 마음의 쉼표

초판 1쇄 인쇄 2025년 11월 14일
초판 1쇄 발행 2025년 11월 19일

지은이 김윤탁
그린이 김운홍
펴낸이 김재광
펴낸곳 솔과학
편 집 바다
영 업 최희선
디자인 본문표지 장덕종
등 록 제10-140호 1997년 2월 22일
주 소 서울특별시 마포구 독막로 295번지 302호(염리동 삼부골든타워)
전 화 02)714-8655
팩 스 031)422-4656
E-mail solkwahak@hanmail.net

ISBN 979-11-7379-039-3 03810

ⓒ 솔과학, 2025
값 13,000원

이 책의 내용 전부 또는 일부를 이용하려면 반드시 저작권자와 도서출판 솔과학의 서면 동의를 받아야 합니다.